# 夠了，別讓這些人牽著鼻子走

## 「めんどくさい人」の取り扱い方法

澀谷昌三／著
鄭婷芳／譯

# 前言

## 會感到不悅就是在意對方的證據

這個世界上，存在著各式各樣不能用常識和慣例來衡量的人。

像是「自以為特別的任性之人」、「無法遵守期限和時間」、「異常地雜亂無章」或是「發酒瘋」等，只要一接近就會覺得心情很差的這種人。跟這樣的人相處，也有人會感到有壓力而覺得討厭吧！

但是，在心理學上，讓自己感到煩躁的這種人，事實上也可以說是讓自己抱有好感的人。

因為我們對某人抱有期待，希望對方「如我所願」，所以當對方跟自己的期待背道而馳時就會感到生氣。

像是「本來應該理解自己的戀人卻不能理解」、「本來期待能站在自己這邊的父母卻反對自己」或是「本來該讓自己（的髮型）變漂亮的美容、美髮師，卻技術差勁」等，當事情不如自己所願時，就會生對方的氣。

正因為對那個人抱有好感，才會有這種希望「如我所願」的期望，如果對方只是個「無關緊要的人」，根本就不會有所期待吧！

例如，覺得上司應該「要有一點課長該有的樣子，不要老是在意年輕職員的臉色」，這樣的想法也是希望上司「能接近自己理想中的上司模樣，然後能和自己好好相處」。

因此，會感到不悅就是因為自己抱有好感的人不能如我所願，而感到煩躁的表現。

那麼，要怎麼做才能不感到不悅而與對方保持「適當的距離」相處呢？

首先要做的心理準備是，「不要全盤否定與自己思考模式不同的人」。

即使是面對同一事物也多少會有各種不同的見解與想法。對某些人來說，上司或許應該是「有統率能力的可靠領導者」。但對某些人來說，理想的上司或許應該是「也會關心新職員的溫柔支持者」，所以，到底孰是孰非，不也難以定論嗎？

然而，一旦認為「上司非得是上緊發條的類型不可」，就會為對方抱有不同想法所產生的落差而感到不悅與痛苦。所以接受「也有和自己不同想法」的事實，不要為了讓對方與自己有相同的想法而焦慮，可說是與人相處時不累積壓力的要訣。

既然有僅僅交談幾句就能互相理解的人，當然也有那種「那個人在想什麼阿？完全不能理解！」的人。但即使是難以互相理解的人，也不一定是討厭的傢伙，請試著用心花點時間去理解對方！

認同「原來如此！也有這樣的想法啊！」也就不會為對方感到那麼生氣！只要了解「奇怪的舉動背後也是有原因的」，煩躁也會減少吧！就算不勉強別人和自己一樣也沒關係，只要了解原因，就會開始覺得對方的存在也不全是令人厭惡的！

本書大量列舉了社會上常見，作為「煩躁根源」類型的「麻煩」人群，期待本書對於建立壓力較小的人際關係能有所助益！

澀谷昌三

# 麻煩人物的應對方法

## 目錄

前言……2
會感到不悅就是在意對方的證據

第1章　自我為中心的人

不聽別人說話，只顧著講自己的事的人……14
又在講自己的事！多少聽聽別人講的話啦！

能把失禮的話毫不在意說出口的人……16
場面很尷尬，察言觀色一下啦！

自以為與眾不同、天真的人……18
說「自己不適合」？別想耍賴！

拒絕交際的宴會、我行我素的人……20
像這種慶祝會，一般都會參加吧！
凡事都要馬上做決定、自認為「領導者」的人……22
做什麼都要下指令，你以為自己是誰？
一定會潑冷水說「可是」、「但是」的人……24
反對的話，那就提出其他想法啊！
總愛說過去英勇事蹟的「完蛋」之人……26
你那些陳年往事我已經記得滾瓜爛熟了喔！
總是說「我怎樣我怎樣」來引人注目的人……28
講得頭頭是道，但根本就牛頭不對馬嘴啊……？
把自己的健康意識強加到別人身上、自我滿足的人……30
我其實就算不是「有機栽培」的也沒關係……？
說話很快、一口氣說完自己想說的話的人……32
真希望你也能當個安靜的聽眾

## 第2章　神經大條的人

**明明已經忙得不可開交，卻不斷說些無關緊要的事的人**……36
拜託察覺到別人「希望你快點結束話題」的氛圍嘛！
**明明就不是很親近，卻還裝熟的人**……38
請不要貿然踏入我的私生活，我很困擾！
**很常犯錯、忘東忘西、任何事都託付不了的人**……40
以為被說是「天然呆」就沒事了，那就大錯特錯！
**總是在背後說人壞話、喜歡謠言的人**……42
一開口就是負面的謠言，沒有別的話題可以說嗎？
**說話音量過大的人**……46
我才不想聽你的豐功偉業和連珠炮似的專業術語！
**只會說「不得了」、詞彙貧乏的人**……48
已經不是小孩子了，這是社會人士該有的樣子嗎？

老說多餘的話、愛挖苦別人的人……50
每次都說出多餘的話，很傷人耶……
常常拐彎抹角誇耀、令人厭煩的人……52
坦白說出「我很高興」不就好了……
非必要的時候卻靠得太近，而令人感到不舒服的人……56
明明不是戀人，不要靠得這麼近啦！

## 第3章　會亂發脾氣的人

總是擺臭臉、很有壓迫感的上司……60
太恐怖了！誰都不敢說什麼！
一開口全是不平和不滿的人……64
只會抱怨的話，什麼也改變不了……
不管是聚餐還是開會，都沉默寡言的人……66
努力跟你搭話的我簡直像笨蛋一樣！

明明不敢對上司說什麼，卻對部下發洩的人……68
總是對部下發脾氣，是在紓壓嗎!?

每句話都在諷刺挖苦的人……70
就只會用這種負面的說話方式嗎？

說話總是用「反正」開頭、習慣鬧彆扭的人……74
要一直說「沒有那種事」來給你打氣，很累耶！

認為「這是為了你好」而強迫別人接受的人……76
那是你的想法吧！不要強加在我身上！

從星期一早上開始就陰陰沉沉、精神萎靡的人……78
我懂你憂鬱的心情，但不要傳染給周圍的人啦！

## 第4章　讓周遭厭煩的人

老是用「可是」、「但是」為自己辯護的人……82
不管怎麼說「自己都沒錯」，說得很順口嘛！

**說話嘮叨、讓人不耐煩的人** …… 86
難道就不能長話短說嗎？
**馬上就讓人知道是在找藉口的人** …… 88
直接說「我忘了」不就好了……
**對笑話和玩笑話沒有反應、無趣的人** …… 90
會冷場耶！給點反應好嗎？
**喜歡炫耀學歷家世、令人反感的人** …… 92
你可能對那感到很驕傲，但那又怎樣？
**喜歡賣弄知識、令人厭煩的人** …… 94
一開始說就停不下來，真得讓人受夠了！
**總是在撥弄頭髮、令人覺得礙眼的人** …… 96
又不是在鬧彆扭的孩子，適可而止吧！
**抖腳嚴重的人** …… 98
跟你相處我們才覺得坐立不安吧！

## 第5章　太在意別人的人

不管做什麼都無法自己做決定的人……102
把「大家要怎麼做呢？」當作口頭禪，那樣有趣嗎？
不明確說出YES或NO的人……104
結果你到底想要說什麼？我還是不知道……
根據說話對象明顯改變態度的人……106
在上司面前就急忙鞠躬哈腰，真令人討厭！
把許多工作攬在身上，老是被時間追著跑的人……108
既然很忙的話，拒絕不就好了……
說無聊的冷笑話，讓周遭氣氛凍僵的人……110
不要在講完超～冷的笑話後，等著看別人的反應啦！
嘴上總是說「很抱歉」、讓人覺得卑微的人……112
明明沒做什麼需要道歉的事……？

總是跟隨別人行動、沒有自我的人……114
老是跟在別人後面，是跟屁蟲嗎？

## 第6章　沒常識的人

桌上亂七八糟、不會整理的人……118
這裡是垃圾場嗎？
不遵守約定時間或期限、沒有時間觀念的人……120
遵守規定這件事，小學不是都有教嗎？
一喝酒就人格丕變、令人困擾的人……122
平常規規矩矩的人卻變得肆無忌憚，到底哪個才是本性？
借錢不還、沒有金錢觀的人……124
一直裝傻，是不打算還了嗎!?
可以面不改色插隊的人……126
要他們注意理所當然的事，竟然還被嗆!?

# 第1章 自我為中心的人

□只要是自己沒興趣的話題，對話就不熱絡。
□跟別人走在一起時，會不知不覺拉開距離。
□常常強行插入別人的談話。

有其中一項，就可能有自我為中心的傾向。

# 不聽別人說話，只顧著講自己的事的人

## 又在講自己的事！多少聽聽別人講的話啦！

有過這樣的經驗嗎？對那種一交談就開始講自己的事的人升起一把怒火。

例如，「昨天在電視上看到的溫泉旅館啊，我有去住過喔！超棒的！餐點也很好吃……。」

或是「啊！對了！我去年住的旅館啊……。」

像這樣把話題都轉到自己的事上。

一跟這種人交談就會留下一種「明明現在正想進入主題的說」這種欲求不滿的心情，覺得聊天一點都不愉快，有一種「又要當你的聽眾嗎？」這種受夠了的感覺。

這種打斷別人說話的人有兩種類型，**一種是很享受說話，像個孩子一樣情不自禁地講個不停的人**。這種人不太跟家人或身邊的人交談，所以往往覺得很寂寞，因而沈浸在與人交談的快樂之中，甚至完全沒有注意到對方的感覺。

還有一種是沒耐性，一覺得話題無趣就會立刻不想聽的類型。

沒有人可以一直保持說話很有趣，即便如此，盡量不打斷對方，並聽到最後是一種禮貌，但是沒耐性且毛躁的人會立刻說「原來如此，說得也是」等等，然後試圖改變話題。他們大概認為，比起對方的無聊話題，自己的話題更有趣吧！這種人只要事情不如自己所願，也會變得焦躁不安，可說是跟沒有忍耐力、不聽話的孩子擁有相同的心理結構。

**把這個人想成小孩子，**
**適當地附和對方，**
**然後改變話題吧！**

# 能把失禮的話毫不在意說出口的人

## 場面很尷尬，察言觀色一下啦！

這是發生在A被上司邀請去參加喬遷慶祝會時的事。

餐桌上擺滿各式美味的餐點，杯盤也都品味一致地一字排開。這時，A卻不經意地大聲嚷嚷：「太好了！這個很方便！」

手上拿的是廚房用的大湯杓，與宴會擺盤用的湯匙有些不搭調。

上司的太太紅著臉，一付無地自容的樣子說：「不好意思，沒有分食用的湯匙。」但是A卻完全不在意，還不斷重複「這真是方便！」也沒發現周圍的場面很尷尬。

在場的人都在心裡對A大喊：「多少察言觀色一下吧！」

不會看場合察言觀色的人，真的很令人困擾，他們會毫不在意地說出讓交談對象不悅的話，讓人覺得「現在就算不說出那樣的話也沒關係吧」。

而這種人**多半比一般人缺乏客觀審視自己的「自我監控」（self-monitoring）能力**，

這種能力一旦不足，即使行為異於常人、被冷眼看待，本身也毫無所覺。所以不管周圍的人再怎麼留意，想要改善無法自我監控者的行為，似乎相當困難。

工作上，在必要的情況下，先用「不要在客人面前說這種話」或「酒席中要謹言慎行」這種可以讓對方清楚明白的方式規範對方，似乎是比較有效的。

而且，當你因為對方所說的話而感到生氣時，即使怒火中燒，對方也感受不到，因此，重要的是，要直接明白地讓對方知道「被你這樣說的話，就會因為這樣的理由而生氣，所以不要這樣」。

**具體表達出「在這樣的場合不要說這樣的話」，在事前先規範對方吧！**

# 自以為與眾不同、天真的人

## 說「自己不適合」？別想耍賴！

有一種人，明明毫無根據，卻認定唯有自己不管做什麼都可以被原諒。

例如，明明犯了錯卻一臉事不關己的新職員。感覺不到他有理解自己造成別人的困擾，稍微嚴厲地唸他一下，就會一臉不服氣地去跟上司抱怨「我大概不適合這種工作吧」、「我以為這間公司比較可以理解我的說」。

「根本沒有你能勝任的工作吧！」忍住不破口大罵的上司，心裡悲哀地想著。

還有一種，用無辜的眼神說：「我比較纖細敏感，是馬上就會很在意那種人！」

其實這種與本人的話剛好相反，是神經相當大條的類型。

他們不知道為什麼會以為自己是特別的存在，而且**認為受到周遭的人重視是理所當然**。這種人大多是在受寵中長大，所以即使長大了也沒有改掉「撒嬌」的性格，還想以這樣的方式生存下去！

但是，毫不相關的人根本沒有必要接受這種人的撒嬌，如此一來，他們就會用一臉被害者的表情說：「根本一點都不了解我！」然後藉由跟別人商量來滿足自己想撒嬌與想依賴的心。真要說的話，就是個無理取鬧的小孩子。

對這種類型的人，凡事一一去應對也不是辦法，所以就算放著不管也沒有關係吧！如果被怪說「都不在乎他的感受，真是個壞心又過分的人」時，只要口頭上道歉，對他說：「不好意思沒注意到你的心情！」他們的情緒就會像沒事一樣恢復吧！

**一旦接受對方撒嬌，就會被當成保母。只要用「抱歉，沒能理解你的心情」道歉就好了！**

# 拒絕交際的宴會、我行我素的人

## 像這種慶祝會，一般都會參加吧！

終於完成繁重的工作，「今天去喝一杯慶祝！」大家氣氛熱烈地說著時，後進職員卻說：「我很累要先走了！」然後就一個人先回家了，就算對他說：「稍微陪我們一下嘛！」也會被輕輕帶過。前輩則是碎念著：「那傢伙平常就是這樣，一點也不可愛啊！」這種觀念不合的事常常有吧！周遭的人也不知道該如何應對這樣的人，因為相處起來戰戰兢兢，也就出現在團體中格格不入的情形。

對於把組織的團結視為第一要務的人來說，這樣的行為看起來很任性吧。

所謂的「我行我素」，就是**不拘泥於傳統或權威，以自己的價值觀為基礎行動，屬於「內部引導型」**（**請參照第115頁**）**的人**。

每個人心中真正的想法，應該是如果能不被組織的規範所束縛，隨心所欲、自由地活著，那該有多幸福啊！可不是這麼想嗎？

因為出現午後運氣會開始走下坡的徵兆，所以我今天就先走了……

但是，這是社會無法容許的。所以我們只能壓抑自己的心情，讓行為舉止表現得像個大人。正因為這樣，當我們身邊出現完全不管社會規範、我行我素的人時，就會不由得感到生氣，大概就是這樣的感覺吧！

不過，仔細想想，那樣的行為真的是「不可原諒的事」嗎？或許自己只是用「常識」這種價值觀來束縛自己而已。

話雖如此，不遵守婚喪喜慶的風俗禮儀、蹺掉重要會面這種脫序的「我行我素之人」，還是有必要嚴格注意。

**對「我行我素之人」感到生氣，或許是羨慕心情的反面表現吧！**

# 凡事都要馬上做決定、自認為「領導者」的人

## 做什麼都要下指令，你以為自己是誰？

E小姐是個喜歡做決定、自認為「領導者」的人。例如我們正在聊「下個月想去哪裡走走呢」，她就會立刻加入話題說：

「這次的主辦人就是○○囉！」

「那，△△你幫忙蒐集一下旅遊資訊！」

諸如此類地，開始做決定。然後在團體中開始被大家抱怨：「跟那個人在一起好累」、「馬上就開始命令別人！以為自己是誰!?」

像E小姐這類型的人，大多是因為「我不做的話就沒人要開始」這樣的正義感與責任感而開始做決定，當然，他們並沒有惡意。於是，當旅行實際進行後，就會想「果然由我來主導是對的！」而滿足於這種「工作方式」。

這類型的人**如果被說「不要像個領導者一樣，一副了不起的樣子！」就會開始唱**

**反調，然後態度一百八十度大轉變，變得不合群或有攻擊性。**

因此不如對他們說：「真不愧是你啊！有你在果然幫了大忙。如果也能麻煩你收款就太好了！」給他們提供一個可以活躍的限定舞台，讓他們能好好為大家做事。對他們說「有事想要麻煩你」，把自己的姿態放低，然後捧高對方，就是好好運用這種人的要訣。

**好好恭維對方，在限定的作用範圍內讓對方好好發揮吧！**

# 一定會潑冷水說「可是」、「但是」的人

**反對的話，那就提出其他想法啊！**

團體談話時，不知為何總是會有反對的人存在。

例如，在職場上討論聚餐計畫的決定時，一定會有人潑冷水說：

「可是，那家店好像不是很好吃耶……。」

「有點貴不是嗎？」

而最糟糕的是，在工作談話上做這種事的人，像是一定會打槍一次部下或後進職員想法的上司、對新作法或提案完全反對的領導者，這種人往往會為職場帶來實質的損害。

因此，換言之，他們也不是因為自己有更好的想法而反對。

就算問他們「哪裡不好，請多指教」，也只會一直拘泥於小細節，挑一些小毛病，但卻說不太出有建設性的意見。

這種人對擔任領導或負責承辦的人就是無法服氣，因為**他們其實希望自己是最顯眼的，想要被周遭的人認同**。

但是本身又沒有相當的能力或經驗，也很清楚自己沒有想法，所以用「可是」、「但是」來打斷別人的話，試圖讓自己成為目光焦點。

這種人的反對多半是沒有正當理由的，所以比起激動地說「又反對啊！」還不如冷靜地以理反駁，讓他們悻悻然地閉嘴。

對於沒來由的反對，也可以說：「那麼，這對我來說太困難了，就由你來當負責人吧！」出其不意地把事情交託給對方，這也是一個方法，看準對方猶豫不決而放棄的時候，再次轉回話題，這次他們就應該不會再插話說「可是」了吧！

**以理反駁，**
**或說「那麼，由你來做」，**
**把事情交給對方吧！**

# 總愛說過去英勇事蹟的「完蛋」之人

## 你那些陳年往事我已經記得滾瓜爛熟了喔！

「我年輕的時候啊……。」

「以前根本不是這樣的……。」

只要一塊去喝酒，從第二句話開始口中就會出現這種說詞的中年男性職員。你的職場中也有這種人吧？在年輕時期的冗長豐功偉業跟英勇事蹟之後，就會出現「說到現在的年輕人，真的是……」等碎念，然後就是對著年輕職員開始嘮嘮叨叨地說教。

周遭的人雖然想著「又開始了」但也只能默默地聽下去……。

像這種愛說「往事」的人，多半是「已經完蛋的人」。

**對工作提不起勁，也沒有熱情，說起來也沒有作為生存意義的興趣或活動，在家裡也沒什麼地位，是不管在哪都不被需要的那種人。**所以現實情況越是空虛就越想要回到過去活力充沛的時候。

我以前也是很受歡迎的
喔，要拒絕女孩子的邀請
可是很辛苦的！啊，雖然
是在幼稚園的時候。

努力活在當下的人或是忘我地發光發熱的人，根本不會話說當年，因為腦中光是現在的事就夠多了。而且話題大多也是談論現況或未來的事，聽的人也會比較有興趣。

只會談論過往的人，就已經是過去的人，就算聽了那些往事，也不會有什麼幫助，想要有意義地使用時間，就要盡可能遠離這種人比較好。

**聽沒有活在當下的人說話，只是浪費時間，無論如何都不得不聽的時候，就當自己是在做義工吧！**

# 總是說「我怎樣我怎樣」來引人注目的人

## 講得頭頭是道，但根本就牛頭不對馬嘴啊……？

在會議進行中，一定會有那種高談闊論的人，突然打斷別人的談話說：

「所以也就是說……。」

「不，對我來說，關於那點……。」

在團隊進行活動時，也總愛把自己當成中心人物來發號施令。

總是動不動就插嘴說「自己怎樣，自己怎樣」的這種人，不管到哪裡都是令人厭煩的存在。周遭的人也會常常不耐煩地想：「那個人又開始高談闊論了……。」

然而，就是這樣的人，在「可是」之後所提出的意見，不但當不成參考意見，還指責要求別人，讓處理事情的效率變差，最後有時還可能不負責到底。

這種人是自我意見非常強烈的類型，**想要自己被認同，想要目光都集中在自己身上。就因為那種希望太強烈了，所以想藉由打斷別人的話，將內容轉換到以自己為中**

**心的話題上**。而且他們也相當有自信，自認「我才是最正確的，不認同的人實在太奇怪了」，然後越是這樣想，最後就會說出像是「只要閉嘴聽我說就好了」這類獨裁式的發言。

這種人覺得自己的能力比任何人都要優秀，所以無法信賴並把事情交辦給周遭的人，而且想法頑固，會對周遭的人說一些死腦筋的話。說到底，也可以解釋成他們只有這點能耐而已。

**與抱持相同意見的人一起冷靜地反駁吧！這樣他們一定很快就會露出馬腳了！**

# 把自己的健康意識強加到別人身上、自我滿足的人

## 我其實就算不是「有機栽培」的也沒關係……？

現代人對「飲食」的要求似乎越來越講究了，最近講究標榜「健康取向」、「有機栽培」、「天然食材」的人增加了非常多。

嘴裡吃的是無農藥、無添加栽種、經過嚴選的食材跟料理，而且抱持著「只有用優良食材精心調理過的食物，才能培育出自然健康的身心」這樣的理念。

雖說這樣的理念的確很棒，不過有這樣傾向的人，大多也會熱心地以「就因為如此，你也應該過這樣的飲食生活」來對周遭的人推銷。

講究健康飲食與天然飲食的人，是非常重視自己、很自戀的類型，而且堅信這樣是正確的。所以只要看到有人過著「午餐吃便利商店，很喜歡吃零食和甜點」這種飲食生活的人，就會認為這樣是不對的，而想要改正對方。所以被勸說的那方，只因為難以反駁，就慢慢被逼得喘不過氣來。

而且更麻煩的是，有那種不管在什麼狀況下都要拿出來說的人。

例如，在小酌的地方或餐廳就會說：

**「這種地方的蔬菜，不是一堆農藥嗎？」**

**「有化學調味料的味道！」**

像這一樣一樣地抱怨，讓本來美味的料理都變得難以下嚥了。

除了講究健康飲食的人之外，極端的美食家或自以為老饕的這類人也是如此，會一味地認為「自己的品味才是對的，不懂自己品味的人都是錯的！」

被這種人說三道四指正時，最省事的方式就是發出「我跟你不一樣」的訊息，告訴對方：「我就喜歡這樣，請別管我！」然後裝作一副事不關己的樣子吧！

**明確傳達出「你是你，我是我」的訊息吧！**

# 說話很快、一口氣說完自己想說的話的人

## 真希望你也能當個安靜的聽眾

有一種人，說話的時候完全不管對方有什麼反應，自顧自地一直說，讓人連一點插話的空隙都沒有，對聽者的感覺幾乎毫不在意。

這種想到什麼就一個接著一個不停說下去的直覺型快語之人，似乎都有一些像小孩子的地方，都是想到「想說這個話題」時，就不管說出來是好是壞，常常不經大腦就說出口，所以失言或讓現場氣氛變僵的情況也不少。

**這類型的人因為有「想與人有所連結」的強烈「親和欲望」，而且非常希望「自己能被看見」，所以說話就像機關槍一樣喋喋不休**。

平常說話很正常的人突然講話變快時，若不是有什麼不方便說的就是有所隱瞞，因為人一感到不安，就會無意識地出現說話變快的傾向。

還有一些人在群眾面前發言，或在客戶面前進行重要的說明時，會因為緊張而說

話速度變快。說話連換氣都不用，也沒給對方有插話的餘地，這種人通常是對自己沒自信、極度不安的類型，當然自我意識過剩的情況也不少。

不管是哪一種，對聽者來說都是莫大的壓力，該怎麼辦才好呢？

這種時候可以做一些比較大的動作來打斷一次對方的氣勢，例如咳嗽一聲，或是明顯地重新坐好、改變姿勢，也可以更直接地把手搭上對方說：「等一下，等一下！」這些都是讓對方說話速度減慢的契機。

或者把視線移開、開始喝茶等等，對交談表現出失去興致的樣子，都能打斷對方說話，成為結束話題的好時機。

**咳嗽一聲或移開視線，試著打亂對方的說話步調！**

喋喋不休喋喋不休
喋喋不休喋喋不休
喋喋不休喋喋不休
……

# 第2章 神經大條的人

□不管對象是誰，說話的方式跟用詞都差不多。

□不會時常照鏡子檢查自己的服裝儀容。

□不太思考對方想要的是什麼。

有其中一項，就可能是神經大條的人。

# 明明已經忙得不可開交，卻不斷說些無關緊要的事的人

## 拜託察覺到別人「希望你快點結束話題」的氛圍嘛！

忙得不可開交的時候，還要配合上司又臭又長的談話，真的很讓人受不了……，這種事很常有吧！即使以「真想快點結束談話」的態度回應對方，這種人多半也不會察覺到。

在談話中看到對方的視線飄移或是一副坐立不安的樣子時，大部分的人都能解讀這種「好想結束談話」的暗示，然後認為「早點結束會比較好」。

但是有些遲鈍的人無法領會這種情緒暗示，其中還有人會因為對方沉默點頭而認為「話題還可以繼續」，於是依據有利於自己所想的方向來解釋。

這樣的人無法領會若無其事般的情緒暗示。

因此，**明確告訴對方「不好意思，我有點急事」或「我有個工作要在一個小時之內完成」，像這樣中止談話才是最有效的！**

不過，如果對方是長輩或上司的時候，就不太好這麼說。

這時候，可以試著利用心理學上的「鏡射」。所謂的「鏡射」就是，當談話熱烈的時候，行為會不知不覺被對方牽著走，當對方喝茶或傾身向前時，自己也會無意識地做出相同的動作。

利用這點，**試著慢慢喝茶或是交替地翹腳跟雙手環胸**，當對方受到自己影響而做出一樣的動作時，談話自然就會中斷，就可以趁機說出：「那下次有機會再聊！」然後若無其事地離開，順利結束談話。

**製造出中斷話題的時機，然後趕緊離開現場吧！**

# 明明就不是很親近，卻還裝熟的人

## 請不要貿然踏入我的私生活，我很困擾！

住在市區公寓的A主婦，最近好像很煩惱。

「說到搬到樓下的B小姐啊，我們明明只是在走廊打過一兩次招呼而已，就一副跟我很熟的樣子，還擅自決定下次要到我家來玩，而且從小孩子的成績到老公的薪水都要打聽耶！」

對剛認識不久的對象，以過份親暱的態度相處，並用熟稔的語氣說話，或者明明只是工作上的往來，卻問一些關於私生活的問題，甚至對自己的家人和興趣侃侃而談，讓想保持距離的人感到默然。

**這類型的人，因為到目前為止的人際關係都沒有難過或討厭的經驗，所以非常樂天，一股腦地認為可以跟小時候或學生時期一樣，馬上跟剛認識的人成為朋友。**

大部分的人即使想著「我想跟那個人成為好朋友」，也會去推測對方怎麼看待自己，或是一邊試探對方的反應然後慢慢地循序漸進。

但是這類型的人正是因為沒在人際關係上下過什麼工夫，所以無法掌握人與人之間該有的距離感，也可以說是不成熟所造成的天真舉動吧！

要是對這樣的人生氣，指責對方「不要跟我裝熟」，對方大多會承受不了。既然生氣也是白生氣，就隨對方去吧！對於不感興趣的邀約或是不想回答的問題，拒絕對方就好了！對這類型的人來說，即使被拒絕了，也不會覺得別人是在躲自己。因為他們不會讓人感到煩惱或耿耿於懷，所以也算是好相處的人。

**對於討厭的問題，**
**就以「這我無法回答」**
**來拒絕對方吧！**
**對方不會覺得耿耿於懷，**
**所以沒關係。**

# 很常犯錯、忘東忘西、任何事都託付不了的人

## 以為被說是「天然呆」就沒事了，那就大錯特錯！

不小心說錯話或聽錯，這些小錯誤人人都會有，但是遇到經常犯錯的人，就真的讓人很困擾。不管做什麼都會犯很多錯，什麼事都託付不了。

**「對不起，我把會議時間弄錯了，差了一個星期。」**

**「咦？我在傳達會合地點的店名時弄錯了！」**

說錯、聽錯，犯錯連連！有些人不只是犯錯，還經常忘東忘西、突然想不起事情來。明明才剛說過的事，馬上就忘記，常常說著「耶？奇怪！那個人剛剛說了什麼？」不知為何想不起來而費心費神。

像這種搞錯事情、突然想不起來之類的粗心錯誤，在心理學上稱為「失誤動作」。心理學家佛洛伊德認為，本人雖然沒有意識到，卻會因為內心深處真正的想法而做出失誤的動作。

例如，記錯會議日程的人，可能真正的想法是「不想出席會議」。突然想不起來認識的人的名字，也有可能是潛意識裡對那個人抱有厭惡感。

雖然有很多例子是當事人沒注意到心中真正的想法，但是從對工作失去熱情的人，以及他在工作上越來越常犯錯與突然忘記的情形中，我們經常可以看到其中的關聯性。

因此，如果問了「是不是工作上有什麼困難？」對方說不定會毫不隱瞞地說出意料之外的煩惱。

**「工作上是不是有什麼困難？還好嗎？」試著藉由這樣詢問來挖掘出對方心裡真正的煩惱吧！**

# 總是在背後說人壞話、喜歡謠言的人

## 一開口就是負面的謠言，沒有別的話題可以說嗎？

「喂喂！營業部的C先生好像跟他太太分居了耶！」

「喂喂！聽說人事部的D小姐跟X部長搞外遇耶！」

「Q小姐的老公好像被裁員了，房貸還有15年要繳的樣子，不知道接下來會怎麼辦……。」

喜歡說人閒話，而且一開始講就停不下來，你身邊有這種人嗎？一說到職場的人際關係、鄰居的私事、名人結婚或離婚等等的話題，就眼睛發亮停不來的人。

為什麼別人的不幸跟醜聞會這麼吸引人呢？那是因為談論的人心裡空虛的緣故。**因為自己的心裡有不平、不滿或空虛感，所以才以忌妒的心態來對待那些活得幸福快樂的人。**

對自己的人生感到滿足、用安定的心情過生活的人，跟那些活得同樣幸福的人相處時也會一樣感到快樂。

但是，心裡有不平或不滿的人，就會有「跟這個人比起來，我……」這種再次確認自己悲慘現況的想法，於是心情就越發痛苦，因此一看到活得幸福安穩的人就想要找碴。所以非常喜歡聽到幸福之人的「負面資訊」，像是家庭圓滿的人卻發生夫妻吵架、獲得周遭信賴的同事卻好像在搞外遇……。

事實上，自己也抱有「想要一個幸福的家庭」、「想要被大家認同」的這類願望，但因為壓力而無法直接表現出來，只好藉由貶低那些看起來幸福的人來緩解自己的不安跟不滿。

## 他們不會接近沒反應的人

根據女性語言學家黛伯拉．泰南（Deborah Tannen）的說法，談話對男性來說是解決問題的手段，但對女性來說卻是感情與語意的溝通手段。因此，有一種說法是，由情緒性談話衍生出來的謠言是女性特有的特色。

不過，最近男性談論謠言的人也有增加的趨勢。所謂的謠言，對想聽的人才會有種站在優越位置的優越感，因為「只有自己才知道的有趣話題」是當自己得意時才能說的事吧！所以對有些抱有自卑感的人來說，是相當好的解憂忘愁方式。

這樣的人事實上非常可憐，但不能因此就同情他們，因為一旦配合對方的水準談話，自己也會被捲入那種負面的情緒當中。適度的搭話，但盡量不要被對方不幸的螺旋給牽扯進去，與對方保持適當的距離吧！

可是雖說要對方離自己遠一點，但如果直接跟對方說「別再說這種話了」、「我會看不起你」等等，你自己接下來可能就會變成毫無憑據的謠言犧牲者，所以要注意這樣的危險。

**最好的方法是，盡量不要為對方得意的那些「祕辛」做出什麼反應**。對於那些想藉由看到聽者驚訝的表情以及對自己話題有興趣的樣子來獲得滿足的人來說，沒有比毫無反應的聽眾更讓他們感到無趣。這些人遲早會因為覺得「跟他們說這些一點也不有趣」而自行漸漸離去吧！

**面對負面的謠言就不要回應吧！**
**他們遲早會覺得無趣而自行離去。**

# 說話音量過大的人

## 我才不想聽你的豐功偉業和連珠炮似的專業術語！

我曾看過那種不管周圍情況大聲說話的人，若是在電車或餐飲店裡遇到自以為是、一直大聲說話的人，那真是倒楣啊。

A小姐公司的B課長是講電話出了名的大聲，很早就到公司，開始跟客戶那邊的負責人用很大的音量說話，談話內容不是新的計畫案就是使用專業術語的磋商，雖然有精神和氣勢是好事，但因為聲音大到整層樓都聽得見，也讓不少人默默地皺起眉頭。

像B課長這樣的人，乍看之下是個很有自信的人，談話內容也大多是自己的豐功偉業，就像是為了吹噓般而大聲地說話。

但在他那充滿自信的聲音背後，其實抱持著莫名的不安。雖然想讓周遭的人認同自己，但卻又有「沒人認同」的不安感，於是就藉由大聲說話來表現自己。

因為**他們想拼命向周遭的人表現出「我很厲害喔！我懂得很多喔！我很努力在工**

**作喔！」的樣子。**

但是不管他們說話再大聲，也無法抹去「如果被別人看輕該怎麼辦？」的不安心情，所以就算周遭的人對他們皺眉頭，他們還是會沉浸在「成功虛張聲勢」的暫時滿足感裡。

另外，動不動就穿插原文的專業術語或最新的流行話題等，用一副「我來告訴你」的態度說話，這種人大多也是這類型。

在這種人的身邊真是一種精神折磨，或許可以請更上位的人來告誡他們一下，或在他們講電話時默默離開座位、戴上耳塞，這些都是不錯的方式。

**大聲說話就是沒自信的證據，無視他們的「虛張聲勢」吧！**

# 只會說「不得了」、詞彙貧乏的人

## 已經不是小孩子了，這是社會人士該有的樣子嗎？

「不得了了！約會要遲到了啦！」
「那家店的拉麵，真是不得了啊！」
這些「不得了」想要表達的情緒是：
「因為與人相約要遲到了，所以感到很焦躁。」
「那家店的拉麵非常好吃，吃了好像會上癮。」
像這樣的情緒吧！但對於這麼多種情緒，有些人卻只能用「不得了」一個詞來表達。

這個「不得了」表現的是非常強烈的情緒高漲，本來應該有很多種說法，但有些人因為缺乏語彙跟表達能力，所以無法好好的傳達自己的情緒。因此，說來說去都只有一句「不得了」。而與「不得了」類似的說法還有「好厲害」、「超〇〇」等等。

常常使用這類字眼的人，會給人一種幼稚的印象，而且往往讓人覺得粗俗、隨便，甚至嘻皮笑臉，一般不太會對這種人抱有好感。

但是，**他們心中其實強烈希望「自己的感覺能獲得共鳴」**。想要周圍的人能夠理解自己，想要共有相同的心情。因此為了強烈表現出自己心中所萌生的心情，便連續說著「不得了」、「好厲害」。

面對這種人只要在心裡理解「啊~他是想要我認同他啊」，然後用比對方成熟的目光來寬大以對，一旦將對方想成容易感到寂寞的小孩子，也就不會感到生氣了吧！

**他們是容易感到寂寞的人，**
**把他們當作小孩子，**
**用寬大的心迎合他們吧！**

# 老說多餘的話、愛挖苦別人的人

**每次都說出多餘的話，很傷人耶……**

**對著業績上升的部下說：「對你來說真的很努力了啊！」**

**對還在加班的前輩說：「不要太勉強比較好喔！你已經不年輕了！」**

就是有這種多話的人，總要像這樣說點什麼，所以只要跟這種類型的人說話，就會出現討厭的感覺或覺得很受傷吧！

這種人被德國的精神病理學家恩斯特・克雷奇默（Ernst Kretschmer）歸類為「分裂型」，分裂型的人擅長於事物的理解與分析，但是對他人的感覺卻很粗神經，具有專斷的性格。

這類型的人雖然本身完全沒有惡意，卻常常會脫口說出傷人的話，因此不如說，正因為對方是感覺親近的人，才越會被這樣說。

雖然跟這樣的人保持距離是一種方法，但若身處於同一個組織或團隊時，就不太行得通，這時候就只能表現得成熟一點了。

想著「這個人就是這個樣子，並不是惡意的」，別讓話往自己心裡去吧！

如果一味地認為「他一定是討厭我所以才故意這麼說」或是「就像他說的，周遭的人一定也覺得我很糟糕吧」，把自己逼入絕境，自己也會因此受傷。但其實對方並沒有想那麼多，那也不是絕對的評價。

或許最平靜的作法就是用「他並不是只有對我才這麼說，這個人的話讓大家都感到不舒服」來冷靜客觀地看待吧！

**他沒有惡意，**
**只是神經大條而已。**
**只要想著「這個人講的並不是絕對」，當耳邊風就好！**

# 常常拐彎抹角誇耀、令人厭煩的人

## 坦白說出「我很高興」不就好了……

「之前在公司的慶功宴時，A部長跟我說了『只有你最可靠』，真的是讓我壓力好大！」

**「我女兒這次被選上芭蕾舞發表會的主角，服裝費用真是不容忽視呢，真讓人困擾啊！」**

像這種不清不楚、不知是在抱怨還是希望別人稱讚的「拐彎抹角式誇耀」，很常聽到吧！既然如此，當下就說清楚嘛！

「A部長好像很信賴我，我的付出是值得的！」

「女兒被選上芭蕾舞的主角，很高興女兒的努力總算有回報了！」

像這樣爽快而直接地說出來，聽的人也可以直率地回應：

「這不是很厲害嘛！為你加油喔！」

「好厲害啊！真羨慕妳有個這麼優秀的女兒！」

但卻偏偏搞得這麼麻煩。

而且還不只是言談間，例如，拜訪客戶時，客廳裝飾著滿滿的優勝獎盃或是貼滿「可愛孫子的照片」。

注意到這些東西時，如果沒有好好稱讚一下，就沒有做到身為被邀請方所應盡的義務。但是稱讚之後，接下來可能就是對方源源不絕的直白自誇，假如一不留神沒注意到而忽略的話，可能就會讓對方不高興。

## 把那當作是對方為了保有自我認同的自我提示吧！

這種人其實是心中某處懷有無法填補的空虛，於是想用什麼來把這個空洞填滿，而那也正是他們自誇的對象。對這種人來說，藉此來成就自我認同的情況並不少。

相要誇耀自己被上司稱讚的人，即是把上司或公司的認同當成了自己的心靈支柱；而誇耀自己兒孫的人，或許是將他們的存在當作幸福或人生意義的象徵，他們非常希望別人能因為這些對象物的映照而看見幸福的自己，所以才想跟周遭的人分享。

但是，他們的自尊心又不容許自己將喜悅之情直接溢於言表，所以不知不覺就開始了「拐彎抹角式誇耀」。

碰到這種「拐彎抹角式誇耀」的情況時，只要用「啊……這個人想要『自我提示啊！』」來理解就好了。自我提示也可以稱為「自我表現」（self-presentation），即思考著「自己是如何被他人所看待」來表現出自己。這時候，只要配合對方「想被認為是個工作能幹的人」或是「想看起來是個賢慧的媽媽、溫柔的奶奶」等目的來說話就沒錯了！

**如果能看出對方想扮演的角色，那麼只要稱讚他們一兩句就可以了，這樣一來對方也就能心滿意足了！**

「你的能力大家都很認同喔！」

「有這麼可愛的孫子，真幸福呢！」

只要這樣一兩句話，就能成為對方眼中「能理解自己的旁人」。

但是要注意，不要說多餘諂媚的話，與對方保持某種程度的距離，不要被捲入對方「又臭又長的自我誇耀」之中。

「不愧是工作能力優秀的人，就是不一樣！」
像這樣說幾句對方會高興的話，對方也就會滿足了！

# 非必要的時候卻靠得太近，而令人感到不舒服的人

## 明明不是戀人，不要靠得這麼近啦！

有一種人，明明關係沒有很親近，卻一副跟你很熟的樣子而靠得很近。無論是交談還是走路的時候，只要在非必要的時候靠得太近，就會讓人感到不舒服，如果是在女性職員跟男性上司的情況下，也有可能會被認為是性騷擾。

像是在很空的電車或電影院時，若遇到那種明明還有很多空位卻故意坐在不認識的人旁邊，就顯得相當不自然，座位旁的人也會覺得很不舒服吧！這其實是因為別人侵犯了自己的「人際空間」（personal-space）。

所謂的「人際空間」，指的就是自己與他人之間的空間距離，也就每個人隨身攜帶的保護網。而這個人際空間會隨著自己與別人的關係而擴大或縮小。

例如公司的前輩、上司跟戀人，能被允許靠近的距離當然都不一樣，就算是容許戀人靠近的距離，也不希望公事上的對象靠得這麼近，這是理所當然的想法。

如果有人毫無顧慮就踏入了只允許戀人跟家人靠近的距離，會感到不舒服，或會懷疑別人「是不是不安好心」，這也是沒辦法的事，因為這是侵犯自己保護網的行為。

撇開有所圖謀的情況，會去侵犯到人際空間的人，**可說是對自己與他人之間的距離感無法妥善認知的類型吧**，他們往往都沒有意識到自己的行為看起來很不得體。不過他們本身並非都是生性無恥的人，所以面對他們的方式就是，只要他們一靠近，就若無其事地拉開距離，讓對方可以察覺到適當的距離感。

**「當對方靠近就拉開距離」只能藉由這樣不停重複的舉動，來讓對方察覺到「適當的距離感」。**

啊！
現在幾點了？

# 第3章 會亂發脾氣的人

□ 自己現在的心情是好或不好，自己也不知道。

□ 不擅長應對別人開的玩笑或玩笑話。

□ 有時候自己的周遭會圍繞著微妙的氛圍。

有其中一項，就可能是會亂發脾氣的人。

# 總是擺臭臉、很有壓迫感的上司

## 太恐怖了！誰都不敢說什麼！

上司是職場上的氣氛製造者，上司的類型不同，職場的氣氛也會完全不同。團隊裡有開朗、熱心且具有領導風範的上司，整體的氣氛也會是開朗、士氣高昂的吧！但是也有很多像是沒幹勁、懦弱、連一個指示都傳達不好的問題上司。其中讓人最難做事的就是「一直擺臭臉的上司」，也就是一臉不滿、一副了不起的樣子，然後沉默不語，全身散發出「不要隨便和我搭話的氣場」的類型。

還有一種上司，似乎想要跟部下拉近關係，但卻常常一臉不滿地掃視大家，一開口不是抱怨就是碎念。成為這種上司的部下真的很倒楣，不僅團隊的氣氛變得很沉重，連在開放空間交談都會變得戰戰兢兢吧！

這類型的人，就是認為「我比你們都了不起，你們本來就應該隨時討好我」的威權主義者，所以很喜歡拿自己的頭銜壓人，但**其實根本對自己的實力或是做為領導者**

**的統御力毫無自信**，因此，內心常常不安地想著「大家會願意跟著我做事嗎」、「我應該沒有因為什麼失誤而被部下看輕吧」，而且為了不被察覺，所以就擺出一副了不起的態度來武裝自己，威嚇部下。

這類型一開口就會搞砸，說出不斷削弱部下幹勁的發言。

例如部下犯錯時，想要讓部下提起幹勁的正向上司會以建議的形式提點：

「這件事如果這麼做的話會更好喔！」

但是「一臉不滿又擺臭臉」的這類上司則是會將部下全盤否定，說出：

「這樣下去不行不是嗎？一點也沒搞懂啊！」

雖然這也是為了扮演威權主義的說話方式，但卻也會全然拉低部下的工作動力。

## 以哄騙上司的心態，採取見風轉舵的策略

如果不幸在這樣的上司底下工作時，一旦跟對方生氣互嗆，只會讓事情發展變得更糟。刺傷了威權主義者的自尊心，之後往往都會被加倍報復。

所以這種時候最好只是冷靜地計算得失而行動，換句話說，要採取「越是討厭的

上司就越是要阿諛奉承」的這種簡單手段。

人都有一種特性，會喜歡上對自己示好的人，這就是所謂「善意的回報性」。如果以「我討厭你這種人」的態度來對待討厭的上司，那麼對方也會察覺到自己被你討厭，然後就會以更令人討厭的方式來對待你。

相反地，**如果以取悅對方的善意態度來對待，那麼對方也會以善意的態度來對待你**。所以即使受夠了對方一副了不起的樣子，也要以言語和態度表現出「我會為你好好努力，請多多指教」的樣子。不分青紅皂白，被破口大罵的時後，更是大好的機會，應該不假思索地說：「非常抱歉！因為我還是個生手，可以請你指導我嗎？」然後低頭認錯。

如果想著「我才不要跟這種人低頭認錯」，那麼就只能正面衝突了！因此，這裡要說的只有一點，就是以哄騙上司的心態來應對吧！就算不是真心尊敬對方，也要以尊敬的態度去對待，這樣做的話，以結果來說，也能減輕你自己的壓力。

**就算沒有尊敬對方，也要假裝尊敬，**
**這樣才能減輕你的壓力。**

# 一開口全是不平和不滿的人

## 只會抱怨的話，什麼也改變不了……

從第二句話開始就抱怨老公和孩子的家庭主婦、一喝酒就不斷抱怨公司部下或上司的上班族……跟這種一開口全是不滿和不平的人說話，真是一點也不愉快呢！

人只要活著，不管是誰都會遇到討厭跟開心的事，但不可能所有不好的事都集中發生在同一個人身上吧？既然如此，那為什麼有人老是在抱怨呢？

人可以依照面對事情時的反應分為三種類型。

**一種是馬上責怪自己的「自罰型」**；**一種是不怪任何人的「無罰型」**；**還有一種是責怪自己以外的人的「他罰型」**。

例如，外出沒有帶傘卻意外遇到下雨，會想「哎呀！要是有帶傘就好了」，這種怪自己的就是「自罰型」；會想「嗯，風雲變化是常有的事」的人就是「無罰型」；而「天氣預報明明就說不會下雨啊」，這種責怪別人的就是「他罰型」。

總是抱怨不平和不滿的人，有「他罰型」的性格傾向，所以都是不在乎家庭的老公不好、都是不聽話的孩子不好、都是不懂我的上司不好、都是工作做不好的部下不好……，而不覺得自己也有錯，認為「自己才是被害人」。

人的態度跟語氣會互相影響而變得一致，如果用粗暴的語氣說話，對方應該也會用粗鄙的語氣回應；如果用溫和的態度應對，對方也會用溫和的態度對待，這在心裡學上稱為「反響」。因此，跟忿忿不平、滿嘴抱怨的人在一起，自己也會越來越煩躁、越來越不滿。

如果不希望自己的人生變得不幸，最好不要再跟這種人來往了。

**跟老是抱怨、不滿的人在一起**
**是會被傳染的。**
**當他們開始抱怨時，**
**就趕緊轉換話題吧！**

## 不管是聚餐還是開會，都沉默寡言的人

### 努力跟你搭話的我，簡直像笨蛋一樣！

有一種人不管是在開會、談話的場合還是在餐會上，總是沉默寡言，就算周遭的人想要跟他們搭話，他們也只是簡短回答「說的也是」、「嗯，是啊」之類的。即使開會時被徵詢意見，也有種不說清楚的感覺。一點也感受不到他們在想什麼、想要怎麼樣，讓周圍的人對他們抱有不信任感。

在別人的圈子裡什麼話都不說的人，警戒心很強，而且極端討厭在別人面前展現出自己。雖然每個人都會有一兩個禁忌話題，可是一談到那些話題就會沉默不語或話變少，這就稱為「情結指標」（complex indicators），因此在回答某個話題之前的沉默時間越久，表示對那個話題的情結越強烈，也就是被壓抑在心底深處的話題。

對於在人前沉默、不發一語的人而言，**進行交談這件事本身就是一個情結，也許曾被取笑過不會說話，或不太擅長表達，所以說話這件事本身就是一件痛苦的事。**因

**此，為了避免交談這件事，不知不覺變得沉默寡言，並擺出一臉不高興的表情。**

可是，越是這樣的人，其實越是抱持著想要跟別人說話、希望別人能了解自己的心情，所以如果遇到能引起他們說話興趣的人，他們也有可能一發不可收拾而滔滔不絕。

不過，在這些沉默的人之中，也有想要避免過於顯眼而樹敵的人，所以為了避免捲入爭端或發生麻煩的紛爭等，自己就會主動閃避而不說多餘的話。他們是經過審慎的考量而決定當個「沉默寡言的人」。

**越是沉默寡言的人，越是有想要暢談的時候。什麼樣的話題會獲得良好的回應呢？試著邊找話題邊跟他們聊聊吧！**

# 明明不敢對上司說什麼，卻對部下發洩的人

## 總是對部下發脾氣，是在紓壓嗎!?

「那個主任，不管部長對他說了多麼不講理的事，他都笑嘻嘻的，可是換成我們這些一般職員，馬上就擺架子破口大罵，是有雙重人格嗎？」

像這樣在背地裡被批評的好像往往都是中間管理職的人。

這種人有時是在轉嫁自己的憤怒跟不滿。**即使對不講道理的部長感到生氣，被罵了不好聽的話而感到怨恨，卻不能頂撞部長，只好將憤怒發洩到地位比自己還要低的部下身上，來宣洩自己的怒氣**。用心裡學的用語來說就稱作「挫折的轉移行為」，而簡單來說，就是亂發脾氣。

換句話說，本來只要將這些不滿跟憤怒發洩到始作俑者身上，就是最能消解怒氣的方式，可是一旦辦不到的時候，就會轉而將怒氣發洩到跟攻擊目標相似的人身上。

例如，因為被女人甩了，為了洩憤，就鎖定差不多年紀的女性為目標，做出令她們討

厭或色狼般的行為。

但是地位比自己低的部下，在這樣的補償行為中，所帶來的滿足感很低，所以也無法一掃怨氣，於是就經常處於情緒焦躁之中，而陷入亂發脾氣的惡性循環。

這類型的人大多是威權主義者，通常無法側耳傾聽地位比自己低下的人所說的話。最好的迴避方法就是盡量別跟這種人接觸，一旦表現出害怕膽小的樣子，很容易就會觸動到他們欺負弱小的雷達，所以用平常堂堂正正的態度是最好的吧。

**為了不被當成弱小欺負，表現出堂堂正正的態度吧！對方如果太過分的話，就向更上級的人報告。**

# 每句話都在諷刺挖苦的人

## 就只會用這種負面的說話方式嗎？

有人不管什麼時候總是不忘多說一句帶刺挖苦的話。

一邊糾正別人無意中發生的過失或小錯誤，一邊說：

「這不是常識嗎？」

對著打扮比平常時髦的人說：

「欸，原來你也有能看的衣服啊？」

對著笑得很開心的人來一句：

「真好啊！你都沒什麼煩惱！」

明明可以說「你今天的衣服好漂亮啊」或是「看起來很開心啊！發生了什麼好事嗎」之類的好話，卻偏偏故意選一些會破壞別人心情、讓人覺得不愉快的用詞來打擊別人，這種人真的是很讓人困擾的類型。

這種喜歡諷刺別人的人，通常自己本身都不是處在幸福的狀態下，**可能有擔心的事或有想被別人認同、想要被稱讚的期待，可是這種心情卻沒能得到滿足。因為自己本身沒有多餘的心力，也沒有幸福感，所以總是欲求不滿而焦躁不安。**

這種人無法用溫和的態度去對待別人，因此在心底的某個角落，總是在尋找可以發洩自身焦躁跟欲求不滿的對象。然後一旦找到目標就衝著對方說一句不好聽的話，想藉此一掃心中的陰霾。

當然，即使這麼做也無法解決他本身所累積的不滿，頂多只能感到一瞬間的抒發，但是這種抒發卻成了習慣。最後，「諷刺別人」就變成他們的溝通形式，成為對待別人的習慣。

一旦如此，周遭的人就會認為「那個人喜歡諷刺別人」、「跟他說話會讓人覺得不開心」，久而久之，也就沒有什麼機會可以用正常的方式跟別人交談，最後變得更加欲求不滿、令人討厭！

## 接納孤獨的他們，還是毫不在意就算了？

這種人首先要做的，就是面對並正視自己的問題，以及感到欲求不滿的自己，然後毫不逃避地一一解決問題，才能讓自己的心情安定下來，也才能用溫和的心情去對待周遭的人們。

這樣周遭的人有時也**能夠理解他們其實是寂寞、缺乏幸福感的人，而接受他們，進而改變他們**。

例如，總是愛諷刺別人而讓附近的人討厭的獨居老人，因為遇到能夠理解他內心的孤獨以及年老不安的社福人員，而完全變成一個待人溫和的人，這種例子也很常見，這些都是因為周遭的接納而讓他們產生變化的最好例子。

「可是要我去理解、接納職場上愛挖苦人的資深女魔頭，我可沒有這麼心胸寬大」，被這樣形容的人，不管他們說了什麼，都不要在意，把它當作耳邊風才是最好的方法。只要想到「他們是心裡寂寞的可憐人」，就不太會感到生氣，覺得就這樣算了吧！然後用平靜的表情笑著回嘴：

「我老公也說我『今天穿的比平常正式』呢。」

「對啊！沒有煩惱也是煩惱……。」
這樣不就能比對方技高一籌了嗎？

**「哎啊，就是這樣沒錯！」像這樣笑著回嘴，**
**讓自己比對方技高一籌吧！**

# 說話總是用「反正」開頭、習慣鬧彆扭的人

## 要一直說「沒有那種事」來給你打氣，很累耶！

「反正我就是這樣！不管做什麼都笨手笨腳的！」

「反正我也年紀不小了！」

什麼都不做，總是在鬧彆扭，一開口就是「反正、反正」的喪氣話連發。不管再怎麼用「沒有那種事」、「你也已經很努力了」來鼓勵他，還是無法停止他們怯懦的碎念。光是聽著就會因為他們負面的氣場而讓心情變得很晦暗。

像這樣鬧彆扭的人，**只是想藉由貶低自己來給周圍的人或自己找藉口罷了！**

「我不接這份工作的原因是我會因為笨手笨腳而搞砸！」

「我不積極爭取是因為年齡上的不利條件！」

像這樣用「我做不到是因為有這些理由」來替自己辯護而自曝其短，這就稱作「自我設限」（self-handicapping）。從中可以明白看出，他們希望周圍的人以寬容的

態度來看待他們的這種依賴心。

「沒有那種事！就算是你也一定可以的！」這類鼓勵的話，對他們來說並沒有什麼意義。要說為什麼，就是因為害怕新活動的進行失敗，所以就用「反正」來當作逃避的藉口。就算認真對這種人給予鼓勵和支持，最終也多是徒勞無功。為了避免被消極的毒氣腐蝕，就讓他們自生自滅吧！

**如果用「說的也是，讓年輕人來做也不錯呢！」來予以對方肯定，他就有可能會停止說喪氣話。**

# 認為「這是為了你好」而強迫別人接受的人

## 那是你的想法吧！不要強加在我身上！

像「我是為你著想」或「這是為了你好」這種話，本來指的是站在對方的立場思考、行動，是體貼對方的話語。

可是，一旦實際去回想有誰說過這種話的場景，就會浮現令人不悅和討厭的感覺。這恐怕是因為**在大部分的情況下，這都是說話者為了自我主張而採用的說詞吧！**

「我是為你著想才跟你說的，不要這麼做比較好。」

「這是為了你好，才建議你使用我的方法，你還是照著做比較好。」

像這樣以看似親切的說法來傳達，然後強迫別人接受自己的想法或做法。

這種人大多對自己很有自信，是能夠自我肯定自己的想法或人生的類型，如果只是這樣也還好，但是他們卻不允許有不同於自己想法和做法的存在，所以為了堅信「自己的想法是最正確的」，就認定那些擁有不同想法的人是「錯誤的」而加以否定，想著「要把他們導回正確的方向」。

但是他們真的是為了對方著想而這麼說嗎？這是個很大的疑問。如果不聽從建議的人真的失敗了，他們會一臉得意地說：「看吧！」

這類型的人，就算不拜託他們，他們也會跑到你身邊，多管閒事地說教或碎唸，這時候最好不要無事生波，假裝聽話然後回應：「沒錯！你說的對。」但不一定要去實行他們說的話，因為光聽他們說話就足以滿足他們的自尊心，所以攻勢也會減弱吧！

**說「我是為你好」的人，只是想主張自己是對的。只要說「你說的對」，讓他們看到你假裝的樣子就好。**

你啊，完全不知道吧！
說到吃壽司的順序啊……
うに
あなご
いくら
さば

# 從星期一早上開始就陰陰沉沉、精神萎靡的人

## 我懂你憂鬱的心情，但不要傳染給周圍的人啦！

有一種人，到了一週開始的星期一，表情就一臉陰沉。

每到星期一不管是誰都會變得很憂鬱吧！但如果大嘆氣又一副很累的樣子，連周圍的人也會受到影響而精神萎靡的。

每到星期一就會感到心情憂鬱的人，就稱作為「藍色星期一症候群」或「週一病」。休假結束，一想到不得不回到拘束的管理型社會，就會變得心情沉重，導致身心不舒服。藍色星期一症候群的最明顯症狀是：

・從星期天晚上開始就想著公司或工作上的事，而感到焦躁不安。

・星期天晚上，沒有什麼食慾，一直睡不著。

・星期一早上，因為非生理性的原因而拉肚子或腹痛。

・星期一早上，身體倦怠，爬不起來。

・星期一中午之前很容易犯錯，而且心情悶悶不樂。

有諸如此類的症狀，有時候不能夠輕忽，依據每個人的不同情況，也可能會有罹患上班恐懼症或憂鬱症的危險。

**會得到「藍色星期一症候群」的人，大多是假日時什麼都不做、懶散度過的人。**因為覺得「很累必須讓身體好好休息不可」而什麼都不做的話，不僅無法釋放壓力也無法消除疲勞，因為身體上的倦怠大多是來自精神上的壓力。

那麼，如果在職場上遇到這樣的人，該怎麼辨才好呢？

雖然表現煩躁、帶著陰鬱的臉色，但還是正常地打招呼，用輕鬆的語氣跟對方交談吧！重要的會議之類，在星期一也盡量別讓這種人參加吧！

**每到星期一就很痛苦的人，放假時試著外出走走吧！**

老公這樣、
笨兒子也這樣、
隔壁鄰居也是、
隔壁的狗也是……
全都讓人生氣！

# 第4章

# 讓周遭厭煩的人

□ 一旦自己有想做的事，就顧不了周遭的情況。

□ 只用自己的得失來考量事情。

□ 認為自己的事才是世界上最重要的事。

有其中一項，就可能是讓周遭厭煩的人。

# 老是用「可是」、「但是」為自己辯護的人

## 不管怎麼說「自己都沒錯」，說得很順口嘛！

做什麼都是半調子，但是找藉口卻很行，也是有這樣的人。即使把事情搞砸了，還會說：

「不小心忘記了的確是我的錯，但是為了保險起見，你要是有再提醒我就好了！」

「我也是很努力在做啊！但是時間根本不夠，很辛苦耶！」

只有藉口跟自我辯護不會忘了說，滔滔不絕地讓聽的人也受不了。

一直受到過意不去、罪惡感或是後悔等負面情緒影響，的確非常痛苦。面對自己的失敗、無能，以及沒有實力也是一件很困難的事吧！因此有時候也會不想直接去面對自己這樣的心理層面，而想以找藉口的形式來逃避，無意識地藉由找藉口來對自己不足的地方視而不見，這在心理學上是「防衛機制」的一種。也因為有防衛機制，所以誰都不會陷入極端的自我厭惡或自我否定裡，而能夠保持心理健康。

但是，其中也有這種自我防衛機制過強的類型，不管怎樣都是滿嘴藉口，認定「自己沒有錯」，一副事不關己的樣子。

這種人要不是在心理上很脆弱，就是對自己很寬容，而且往往在人際關係上很消極的類型。

## 因為心理還不成熟，所以越被責備就越是為自己辯護

這類型的人有幾種固定模式的藉口。

像是**「反正我就是頭腦不好」**、**「對身為女性的我來說根本做不到」**，以自身極限為藉口的「自我設限型」，常見的大多是覺得不滿、不平，依存型的人。

還有**「但就算換成是你，也可能做不到啊」**、**「因為大家都是以家庭和自己為重啊」**，像這樣把周圍的人或對方牽拖進來，讓人無話可說的「同化型」，是不負責任的類型會使用的招式。

**「因為他說想要喝酒，所以我才陪他的」**、**「是對方先找碴的」**，像這樣把自己的意思投射到別人身上的「投射型」，完全是為了替自己開脫而不去面對自己心中真

正的感覺，只是想讓自己心裡比較輕鬆的做法。

常使用這類藉口的人，他們的共通點就是不成熟的心理。因為心理層面還沒成長到可以正視對自己不利的事實，所以馬上就選擇逃避。

或是因為老用這樣的方式逃避，所以越發錯失讓心理成長的機會，而一直反覆為自己找藉口，最後越來越精進的只有找藉口的技能而已。

當對方在為自己開脫的時候，立刻打斷對方並加以譴責的這種方式是禁忌。雖然令人生氣是可以理解的，可是一旦那麼做，對方就會更加歇斯底里地不停自我辯護。但如果轉過身去沉默不語，對方就會輕易覺得自己「被原諒了」。

這個時候，**首要的就是什麼都別說，先試著觀察對方一陣子。當對方像是受到你的沉默壓迫而開始說話時，就有可能意外地吐露出自己內心真正的想法跟念頭。**

「雖然我也知道是我的錯……。」

「忘記約定雖然的確是我的責任……。」

像這樣等待對方面對自己過錯的瞬間，然後，一旦認錯了也不要太過苛責他們，接受他們認錯這樣就好了。這樣一來，也可以一點一點地促進對方的心理成長！

**什麼都別說，靜靜地等待。**
**這樣一來，對方也會受到你的沉默壓迫，**
**而承認自己的錯誤吧！**

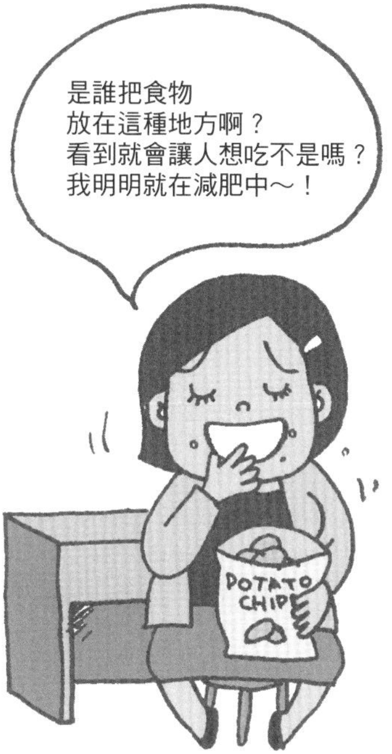

# 說話嘮叨、讓人不耐煩的人

## 難道就不能長話短說嗎？

有時候會遇到說話很冗長、讓人聽到不耐煩的人，反覆嘮叨地說著相同的事，或是用兜圈子的方式喋喋不休，讓人不得不問他們：

「總之，你到底想要講什麼？」

這類型的人並不是為了說服對方而說，而是覺得自己說得不夠完整，也就是總覺得有無法認同的地方，為了進行確認才不斷重複，**想藉由說話來消除不安或擔心之處**。

因此，如果話說到一半就被人用「好了，我已經知道了」打斷，正在說話的人就會留下煩躁的情緒，然後轉變成覺得「對方根本沒有好好聽我說話」的這種不滿情緒。所以不要勉強阻止對方說話，而是用不同的問題來改變話題的方向會比較好吧！

不過話又說回來，還有一種類型的人是，一旦說到自己有興趣的話題或喜歡的話

題就停不下來的人。這類的人多半性格比較執著，對事物比較容易拘泥小節。

一旦成為這種人說「興趣漫談」或「豐功偉業」的對象時，他們通常都會源源不絕、暢談無阻。這種情況一旦妨礙到工作或生活的話，就必須製作一些工作的藉口，藉此來稍微強硬地結束話題吧！

**勉強讓談話結束的話，**
**反而會更麻煩。**
**試著用問題來轉移話題吧！**

# 馬上就讓人知道是在找藉口的人

## 直接說「我忘了」不就好了……

「對不起，我遲到了！因為鬧鐘壞掉了……。」
「你拜託我的文件，因為電腦出問題，資料都不見了！」

又來了，又在說這種敷衍的謊話……，就是有這種讓人受不了、不負責任的人。

像這樣用很明顯的藉口敷衍，有時候也會讓人覺得「是把我當成笨蛋嗎？」

但是這種隨口編造藉口的人，其實並不是針對說的對象，**而是為了把自己的行為正當化才無意識地找藉口，這就稱為「合理化」，也就是為了說服自己的推託之辭**。

也因為如此，他們連「說出這樣的藉口，反而會讓人更不高興」的冷靜判斷都欠缺，輕易地就把藉口脫口而出。

這類型的人，大多都是在發生什麼事的時候，先將原因歸咎於外在因素的「外在歸咎型」，所以像「因為電車誤點」、「因為手錶壞掉」、「因為沒人幫我注意」這

我穿越時空去叫醒過去的自己，沒想到機器卻故障了……

些藉口，要多少有多少。

不過話說回來，找藉口也並不見得全是壞事。

例如，別人毀約的時候，自己可能會想「對方是不是不重視我」而感到自尊心受創，這時如果對方有找藉口的話，自己也會有一種得救的感覺。

到底是為了自己找藉口，還是顧慮別人的感受而找藉口，藉由這點也可以看出對方是怎樣的人，所以何不聽聽對方的藉口，以此當作評價對方的基準！

**如果對方的藉口太過荒謬，就用「理由無所謂了，給我趕快去工作」斥責對方。**

# 對笑話和玩笑話沒有反應、無趣的人

## 會冷場耶！給點反應好嗎？

在職場或團體的同伴裡面，當大家在開玩笑說鬧的時候，只要有一個人擺出一臉不滿的樣子時，場面也會不知不覺地變冷，有時候心情不好或是有什麼心事，這都無可厚非，但如果一直都這樣一語不發的話，看起來就像是把周圍的人都當作笨蛋，不想跟大家打成一片的樣子。

對玩笑沒反應、沒辦法跟別人說說笑笑的人，其實是在跟人交流上沒有彈性的人。交談除了具有交換資訊的功用之外，更重要的是還有「與對方更加親近」的功能，但是對這類的人來說，交談就只是用來交換資訊，他們並不會透過閒聊來了解對方是什麼樣了人，**可以說是不喜歡情緒性的交流，對人本身也沒有興趣的類型**。

需要交換資訊的職場都這樣了，回到家就更不用說，大概就是個只會說「洗澡」、「吃飯」、「睡覺」的沉默老爸，而不受家人受歡迎。完全沒有像是藉由對話來跟對方拉近關係，或是一起度過歡樂時光的這類想法，想靠交談來取悅這種人，可說是難如登天吧！

不過，要共同擁有相同的笑點其實並不簡單，可以對同一個笑話放聲大笑，是需要有「共鳴」的。例如，跟不打高爾夫球的人說關於打高爾夫球的笑話，根本熱絡不起來；對職場以外的人模仿上司，他們也不會覺得好笑吧！如果沒有共通的生活經驗或興趣的話，笑話就發揮不了作用。

所以可以互相說笑的這種關係，或許可以說是非常寶貴吧！

**找出對方有興趣的事物，然後以此當作話題，或許就能稍微融洽地跟對方交談了吧！**

# 喜歡炫耀學歷家世、令人反感的人

## 你可能對那感到很驕傲，但那又怎樣？

比起實際為人，一個人的頭銜、家世背景或外貌等更容易被外界看見，這就稱為「光環效應」（halo effect）。

的確，光環效應的影響甚大也有實證研究，像是美國的心理學調查研究中，就得出了這樣的研究結果：身高較高的男性在就職時的錄取率較高，而被認為是美女的女學生，報告的分數也比不是的來得高。

但是如果一直依賴光環效應來讓自己看起來很厲害的話，久而久之大家也會對這樣的人敬而遠之。

「我叔父是〇〇銀行的幹部。」

「我是△△大學畢業的，所以××董事是我的前輩。」

**像這樣展現自滿的類型，其實自己本身並沒有相當於此的自信**。真正有能力且周遭對其評價也都很高的人，反而不會想要拿自己的家世背景或學歷來吹噓，因為他們強烈希望別人是「以自己的能力來評價自己」。

然而，只有自尊心很高，實力卻很低的人，才會緊抓住這種光環效應不放，如此一來，就被冠上了「他其實沒什麼了不起」的不好評價。

光環效應雖然會讓自己一時處於有利的狀況，但畢竟無法持久，總有一天還是會察覺到，只有自己本身才是最有效的王牌吧！

**當別人在炫耀時，只要想著「啊……他是對自己沒自信啊」，就能冷靜地看清那個人本身的能力吧！**

我爺爺的弟弟的老婆的堂妹的老公是哈佛大學畢業的……

# 喜歡賣弄知識、令人厭煩的人

## 一開始說就停不下來，真得讓人受夠了！

「今年剛出的○○產葡萄酒啊……。」

「說到這個區域的牡蠣特徵就是……。」

像這樣在酒酣耳熱之際，如果有一找到機會就開始說一些深奧行話的人，相處起來真的會很累。

而且還不只有在吃飯的場合，就連旅行、車子、商業、流行時尚、美容等，不管什麼主題也都有自己的一套見解，一旦說起這些深澳的知識就停也停不了。

跟能夠告訴自己新知的人聊天，本來是非常快樂的，因為對方是可以滿足自己求知欲的存在，可是卻反而讓人覺得很煩，這是為什麼呢？

大概是因為說話的人只是為了自我滿足而說的關係吧！如果是為了讓聽者快樂而分享的各種知識，聽起來就會很有趣；但如果是想展現自己的知識，而只想找個聽眾來滿足自己的話，說話的對象就只是被當作聆聽的道具而已，因此被當作道具的那一方會感到厭煩也是理所當然的。

**這種人多半是知識豐富，但生活並非多采多姿的類型，雖然飽讀商業書籍卻都沒有應用在工作上，也就是空有知識卻光說不練的人。**

如果你身邊有這種喜歡高談闊論、讓人厭煩的人，就趕快遠離他們吧！一旦他們知道了你並不想聽他們大放厥詞，自然也就不會有高談闊論的傾向了！又或者遇到喜歡大談美食的人，就讓他們請客當作是「聽眾費」也未嘗不可。

**讓自己變成別人滿足自我的道具，只是在浪費時間。跟對方說「我對這個沒什麼興趣」，然後把話題結束吧！**

# 總是在撥弄頭髮、令人覺得礙眼的人

## 又不是在鬧彆扭的孩子，適可而止吧！

在公司跟A小姐搭檔同組的B小姐，不管是在用電腦、檢查文件，還是在開會……，總是在撥弄頭髮，連在宴會上或跟客戶洽談時也是，一看到她就是在撥弄頭髮，真是讓人看不下去，最後把A小姐惹毛了！差點就要脫口而出，對她說出：「又不是在鬧彆扭的小孩，該適可而止吧！看了實在很煩！」

每個人多多少少都會有一些怪僻，但是會反覆做到讓人看不下去，應該有心理因素在作祟吧。

例如像是撥弄頭髮這樣，**時常觸碰身體的某個部位，其實是想被別人觸碰的「親和需求」高漲的緣故**。心理比較不成熟或是依賴心比較強的人，在越是感到寂寞或不安的時候，就越渴望被別人觸碰，那是因為內心深處還殘留著小時候被父母親抱著時的安心記憶。但是，長大成人後不可能隨便就抱住別人不放，因此才會藉由碰觸自己的補償行為來讓自己感到安心，這就稱為「自我親密行為」。

其他還有類似這樣的怪僻，像是咬手指甲、雙手環胸將自己抱住……，這些都可說是人在心理處於不穩定且焦躁的狀態下，為了謀求心理安定而做出的舉動。

有這類怪僻的人，其實在心理層面還無法自立，而在某些方面逞強。因此，如果對他們說「不要這樣做了，很難看」，也只會讓他們感到更加緊張罷了！最後可能還會出現別的怪僻，以其他不同的形式在某些地方表現出來。

這時候，可以先觀察一下他們，問問看是不是在工作上有什麼感到不安或是緊張的事情，只要心情平靜下來，這些怪僻行為也會慢慢收斂。

如果只是因為感到寂寞而產生怪僻的女性，親和需求一旦在她們有了戀人以後得到滿足，就可能因為平靜下來而有所改善。

**觸碰身體的怪僻，也許是心裡感到不安的表現，比起制止他們，不如聽聽他們的心聲吧！**

# 抖腳嚴重的人

## 跟你相處我們才覺得坐立不安吧！

身邊如果有人一直在抖腳的話，自己也會變得坐立難安。不僅看起來很難看，還會被認為是急性子的人，一點好處也沒有，不過當事者卻好像不太在意的樣子。

抖腳通常是心裡感到緊張或沮喪時會表現出來的症狀，大多是想要抑制心裡的感覺而開始不自覺地抖腳。這在心理學上被認為是壓抑行為的一種，與之類似的還有像是用手指敲桌子、抖晃全身等等。

一直等不到電車或公車時、工作或執行的進度不如預期時……，越感到焦躁就越想要抖腳；又或者被問到不想回答的話題、被不想靠近的人接近自己身邊，也都會這樣。如果身旁的人開始抖腳，又不想被影響的話，最好還是趕快離開比較好。

不過，**會不停抖腳、敲桌子的這種人是很容易感到不滿的人**。大多是會對各種小事發脾氣的幼稚類型，有時雖然憤恨不平，卻又不擅長跟別人抱怨、商量，做這種吐苦水的舉動，於是無法言喻的焦躁在經過累積之後，就化為行動表現出來了！

對待這種愛抖腳的人，如果是家人或朋友這種比較親近的人，可以試著問問看他們：「是不是發生了什麼討厭的事？」

他們也許就會開始說：「其實……」然後馬上停止抖腳，而找回平靜沉著。

但最好的方式，還是要讓當事人學會適合自己的放鬆與消除壓力的方法。

**無法言說的焦躁感，**
**才是抖腳的原因。**
**試著幫他們吐吐苦水吧！**

看到就會讓人想吃
不是嗎？
我明明就在減肥中～！
POTATO
CHIP

# 第5章

# 太在意別人的人

□非常在意對方的表情或動作。

□曾經因為太過在意對方的反應，而無法繼續把話說下去。

□對別人不經意的一些話感到「是不是話中有話」。

有其中一項，就可能是太在意別人的人。

# 不管做什麼
# 都無法自己做決定的人

## 把「大家要怎麼做呢？」當作口頭禪，那樣有趣嗎？

有一種人，不管做什麼都無法自己做決定。

**吃午餐的時候，看著菜單問：「吃什麼好呢？你要吃什麼？」**

**討論休假要去哪裡玩時：「大家覺得去哪裡比較好？」**

總之就是想先問問看別人的意見，無法自己做決定或下結論。一起去餐廳吃飯的時候，聽到別人點什麼就點餐說：「我也要那個！」

「總是交給別人決定，那樣會有樂趣嗎？」有些人會這麼想，可是，這類型的人因為欠缺決斷的能力，所以被要求「做決定」反而更加痛苦。因為無論何時都是溫溫吞吞地猶豫不決，對於這樣的自己，自己也覺得累吧！

像這樣喜歡跟隨周遭意見的人，以心理學的術語來說就叫做「從眾性高的人」。

他們不喜歡打亂組織或團體的秩序，雖然是很好相處的人，但因為缺乏提出意見或做出決定的領導屬性，所以也不太可靠。

這類型的人，就算用「該怎麼辦？」來催促他們做決定，也不會有什麼結論，因此，從一開始就不要對他們提出需要做決定的問題。這類型的人因為不想要擔負責任，所以交由別人來決定會讓他們感到慶幸。

如果想讓這類型的人說出一個答案，那就簡化成二選一的方式來問他們：「要去看現在很熱門的那部電影嗎？還是要去海邊兜風呢？」讓他們從中選一個吧！

當然，可以不用那麼麻煩，就算直接說：「我有想看的電影，一起去吧！」也不會令他們感到不快，別擔心！

**就算讓他們自己決定，**
**也只會讓他們變得焦躁，**
**所以不用顧忌，**
**就讓我們自行決定吧！**

# 不明確說出YES或NO的人

## 結果你到底想要說什麼？我還是不知道……

把自己的想法或意見傳達給別人，有時候是需要勇氣的。但是，在忙碌的社會生活中，是贊成還是反對？是想做還是不想做？有很多情況都是需要每個人把想法傳達出來才會有所進展的。

但偏偏在這種重要的時刻，就是有人無法明確表達自己的想法。就算聽他們說的話，不是拐彎抹角就是句尾曖昧不明，到底想要說什麼，一點也沒有傳達出來。有時候真想對他們說：「說清楚講明白啦！」

這種人非常在意周遭的人會對他們的意見有什麼樣的想法，所以就**不斷去推測周遭的人心中的想法**，**想著「我如果說了這種話，對方是不是會生氣？該不會討厭我吧？」**

雖說如此，他們還是有自己的想法跟主張，也會有希望別人能夠理解的心情。但是，因為害怕周遭的反應，所以沒辦法如自己所想的把自己的想法表達出來。

「是△△好呢？要怎麼樣呢？」
「可能是××呢？」

就像這樣句尾曖昧不明，也沒有說出結論。

所以當話題沒有辦法順利進行而令人感到困擾時，可能就需要有很大地耐心去問：

「所以你那是什麼意思呢？」

「如果問你是哪一個的話，你會選哪一邊呢？」

像這樣透過仔細的詢問，從話中去找出對方真正的想法。

**把對方當做怯弱的小動物看待，用十足的耐心來對待他們吧！**

# 根據說話對象明顯改變態度的人

## 在上司面前就急忙鞠躬哈腰，真令人討厭！

在很多公司，都可以看到那種冷淡對待同事或年紀差不多的前輩，可是卻對頂頭上司巴結奉承的年輕職員。

在E先生工作的地方，今年新進了一個小他一歲的F，只要託他幫忙整理資料或影印，就立刻擺出很麻煩的臉說：「啊～什麼時候要？」E先生忍住「這麼不想做是不是！」的動怒念頭，皮笑肉不笑地拜託他：「是不是很忙啊？拜託盡快給我囉！」

但是這個F**在面對上司G先生時，態度就丕變了**。

**「真不愧是G課長！今天的簡報讓我學了好多！」**

**「我只聽課長的命令喔！我一輩子都要追隨課長！」**

**像這樣諂媚的風暴，讓聽的一方都覺得丟臉**。

這樣的類型是對「光環效應」沒有抵抗力的威權主義者。我們在第4章有說過，所謂的「光環效應」並非針對本人，而是根據其工作的公司名稱、畢業的大學以及家世背景等圍繞在本人身旁的資訊，讓那個人看起來比原本的自己還要了不起。

他們在面對地位比自己低下的人，都會擺出俯視的姿態，如果上司是這種類型的話，部下應該會很辛苦吧！

如果真的想要在公司得到認同，就應該要重視同事跟同輩的前輩，打好根基才是聰明的做法。像這種大頭症的威權主義者，總有一天會遭到淘汰吧！

對這種難以應付的晚輩，就劃分成「僅止於此的關係」，冷靜地給予工作上的指示就好，如果對方態度太差的話，就和上級商量，壓壓他們的氣焰，也是很有效的。

**這種人，**
**最終也不會有什麼出息，**
**冷淡地對他們下指示就好。**

# 把許多工作攬在身上，老是被時間追著跑的人

## 既然很忙的話，拒絕不就好了……

不知為何總有像山一樣多的工作，十分忙碌的人。你身旁有這樣的人嗎？

「啊！我答應人家要在明天之前做好自治會的名單！」

「怎麼辦呢？明明今天有事，可是卻又突然被委託工作……。」

像這樣被別人委託的事情和工作束縛。

這樣的人無法拒絕來自他人的請託，乍看之下是個很好的人，但其實他們只是無法堅定拒絕別人而已，換句話說，就是很不堅定的人。

在一旁觀看的人雖然會焦躁地想著「為什麼不乾脆地拒絕呢？」可是當事者不管怎樣就是做不到，反而被強迫著對他們來說還比較輕鬆。這是為什麼呢？

心理學上有所謂的「人際溝通分析」，就是把與人相處的方式類型化：

ＦＰ（批判的父親）…責任感強，亦有很高的上進心，對他人具有批判性。

MP（養育的母親）…擅長照顧別人，也很能體諒別人，但相反地也很容易寵壞別人。

FC（自由的子女）…雖然熱衷於想做的事，但對義務性的事卻漠不關心。

AC（順從的子女）…聽話，但是對不喜歡的事也無法拒絕。

A（大人）…按自己的步調走，理性卻也客觀地冷漠。

雖然每個人都會具備上述之中的幾個要素，但沒法拒絕別人請託的人則具有強烈的AC要素。換句話說，**他們的心理狀態像是小孩子一樣，對於大人交代的事情無法拒絕**。看著他們會讓人感到焦躁，是因為他們雖然是大人，卻做這種不成熟的小孩子行為吧！

有時候他們因為視野太過狹小，甚至沒有察覺到有「拒絕」的這個選項，有時還會討厭這種連一句「不要」都說不出口的自己。遇到這種人的時候，就建議他們：「現在很忙不是嗎？那就拒絕他們如何？」

如果有人能在背後推他們一把，有時他們可能就會察覺到了，像這樣被提點了幾次之後，說不定他們也可能會有所改變。

**只能告訴他們還有「拒絕」這個選項。**

# 說無聊的冷笑話，讓周遭氣氛凍僵的人

不要在講完超～冷的笑話後，等著看別人的反應啦！

「我不會打電話給那邊的公司喔！因為我不會用『室內』電話打『市內』啊！開玩笑的啦……。」

「新的資料『夾』在哪？啊！『夾』在這！哈哈哈……說笑的。」

在職場上常常可以看到這種場面吧！大叔級的上司說著冷笑話，然後等著周遭的女性員工反應。

沒注意到大家已經心生厭煩，覺得「啊～又來了」，還一副想要問「如何？」的表情，期待地試探大家的反應。心有餘力的話還可以配合地應付一下，但是在繁忙的時候，或是平常時不時就這樣，真的會讓人感到生氣。

當事者當然也知道自己這樣並沒有多受歡迎，可能也注意到自己有點格格不入，即便如此，為何還是這樣呢？

**那是因為他們有希望別人將目光放在自己身上、讓自己備受矚目的強烈欲望**，也就是真心「想被愛」、「想被認同」以及「不想被忘記」的想法比別人多上一倍。但是在職場上，有實力、有聲望的人才會受到矚目，任誰都要甘拜下風。

因此，他們只好汲汲營營地做些什麼來沈浸於別人目光之中，最後就變成不斷說出無聊的冷笑話。

對這樣的人來說，他們更討厭被無視。因此，讓這種人閉嘴的方法也很簡單，只要他們一說冷笑話，大家就裝作沒聽到，斷然地無視他們，當他們學到用這種方法是不會被任何人放在眼裡時，這種用無聊冷笑話來吸引別人注意的行為也就會停止了。

**特效藥就是「毫無反應」。**
**不該是透過冷笑話，**
**而是用工作能力來獲得大家的注目！**

# 嘴上總是說「很抱歉」、讓人覺得卑微的人

## 明明沒做什麼需要道歉的事……？

有一種人總是一開口就先道歉。

「很抱歉！有點事想請問一下……。」

「不好意思！可以借一下這份資料嗎？啊！真是不好意思！」

明明不是什麼需要道歉的事，但是一開口就先說了一句「很抱歉」。

剛開始雖然會覺得對方是個「謙讓有禮的人」，但如果像口頭禪一樣一直掛在嘴邊，就會讓聽的人覺得不太舒服。例如，被招待來家裡來的客人說：

「真抱歉！承蒙您特地招待，很麻煩吧？真抱歉！這是一點小意思，不好意思，大家一起吃吧！」

讓自己覺得「明明沒做什麼需要這樣道歉的事，這樣反而像是把他叫來的我對不起他似的。」

他們非常害怕被周遭的人討厭，因此常常擔心「如果做了什麼讓人不高興的事怎麼辦？」所以在還沒有跟人有摩擦的時候，就先擺低姿態說「（如果有什麼得罪之處）很抱歉」、「（如果讓你不高興的話）真是對不起」，而且好像也有不少人心理認為，與其被討厭還不如跟對方保持一點的距離。

但是在面對他人時，如果毫無原因就感到害怕，任誰都不會感到舒服，所以自然會覺得「我也沒有這麼傲慢吧！」

人跟人之間的關係本來就是一邊互相傷害對方、感覺孤獨，一邊找出適合雙方的相處關係，一開始就想要避開這種模式，當然也就無法互相建立良好的關係了。

受不了周遭這種愛說「很抱歉」的人時，可以像是要讓對方感到安心那樣伸手援助，或是放棄與對方建立關係，默默地遠離對方，這也是不錯的選擇。

**他們因為害怕受到傷害，**
**所以想要跟人保持距離，**
**跟他們說「不用這麼小心翼翼也沒關係」，**
**讓他們安心吧！**

# 總是跟隨別人行動、沒有自我的人

## 老是跟在別人後面，是跟屁蟲嗎？

在團體當中有一種人，總是默默跟在別人後面，說到要去吃飯的時候，也不知道是什麼樣的餐廳就跟來了；說到要去看電影或旅行的時候，也不確認一下適不適合自己的喜好就跟著一起去，根本就是個「跟屁蟲」，但當事者本身並不會特別感到痛苦，反而被問到「如果是你，要怎麼做呢？」時，反而會讓他們坐立不安、說不出話來。

看到這樣的人，有時候會想：「只是這樣跟著別人，樂趣到底在哪呢？」然後再看著他們一臉老好人的表情，就覺得有氣。這類人的個性就稱為「他人引導型」。

人們都會隨著這個時代的社會狀況慢慢地帶有社會人格的特徵，美國的社會學者里斯曼（David Riseman）把社會性格依據時代分為三種類型：

首先是近代社會之前的社會人格，也就是「傳統引導型」，這類人對威權的抵抗力弱，比起自己的判斷或意見，性格上還是會向權力者的意向靠攏而行動；然後進入近代之後就變成了「內部引導型」，這類人在性格上，比起威權或傳統，會更優先將個人想法或價值觀擺在前面，進而對事物下判斷並行動；而現代則是變化成「他人引導型」，**特徵就是比起自己的意見或判斷，會更優先以周遭他人的作法為基準來採取行動**。

我們雖然大多都混合了這三種類型，但老是跟隨他人的人，具有比較強烈的「他人引導型」性格傾向。

這樣的人，做為朋友是比較缺乏刺激也不太有趣的類型。

有時候還會想要對他們嘆氣，但他們其實並不是壞人，既不會打亂團體內的秩序也不會製造對立，算是可以安心往來的類型。

**就算不問他們的意見，事後他們也不會抱怨，就安心下決定吧！**

這個資料
「送」到中國！
「爽」到中國？
開玩笑的～
爽什麼啊～

# 第6章

# 沒常識的人

□ 做事情從來不考慮「這樣做好嗎？」
□ 完全不在意周遭對自己行為的反應。
□ 不會事先計劃，走一步算一步的人。

有其中一項，就可能是沒常識的人。

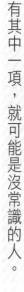

## 桌上亂七八糟、不會整理的人

### 這裡是垃圾場嗎？

只是不小心撞到一下椅子而已，隔壁桌的文件就像雪崩一樣往下掉……。

那個不知何時分到的茶點，不知道還要在桌上放多久……。

總是在找東西，每次都大喊著「我找不到○○」而造成騷動……。

辦公室裡有這種人坐在旁邊，真的很困擾吧！桌上總是很雜亂的人，是造成周圍困擾的一種存在。要說他們是因為工作多到連整理的時間都沒有，那也不是，倒不如說，大多數「能幹」的人反而桌上都整理得井然有序。

沒辦法整理的人通常腦袋裡也都是雜亂無章的。換句話說，**腦中同時思考著很多件事，因為一直在回想已經完成的工作，所以使用完的資料也不能俐落地整理好，而把各式各樣的東西全都放在看得見的地方**。

這種事是個人習慣，所以可以好好整理、整頓的人，從小就是這樣；而邋裡邋遢的人，不管何時何地也都是這樣。因此，就算跟他們說：「○○○，麻煩你整理一下！」效果也不會太顯著。

即便如此，周圍的人最好也不要幫他們整理。因為雖然表面上看起來亂七八糟的，但對本人來說卻是亂中有序，大多知道什麼東西在什麼位置。幫他們整理的話，可能還會被怪說：「你害我什麼東西在哪裡都不知道了！」

不過，這樣的人偶爾也會有靈光乍現的時候，大概就是腦中思考的許多事情，突然總結的瞬間吧！所以對他們適度寬容或許是必要的。

**要去矯正不會整理的人，是不可能的任務，不如找到能讓他們一展長才的方式，對雙方都有利！**

# 不遵守約定時間或期限、沒有時間觀念的人

## 遵守規定這件事，小學不是都有教嗎？

我們從小學、中學開始就被教導要在規定的時間到學校、在期限內完成該做的作業，還要確實遵守時間和期限。

為什麼要這麼做呢？因為長大後連這種基本規定都無法遵守的人，就算能力再優秀，也不會被認可為獨當一面的人。

但是不知道為什麼就是有無法遵守約定時間或期限的人，這種人不是把約定本身看得很隨便，就是不重視約會的對象。

如果約定本身對當事者來說是「無關緊要」的時候，他們往往都會忘記約定或期限，問題就出在於他們認為約定的對象是「無關緊要的人」或「地位比自己低下的人」。

因為當他們認為自己的地位高於對方時，就會覺得讓別人等也沒關係、期限過了

也沒什麼大不了，所以就算再怎麼生氣或跟他們抗議，也無法改變他們。

這種人驕矜自滿又傲慢，**忍不住想向對方展現「自己處於較高的地位」**。因此，有時候就會表現出毀約的樣子，想要試探對方的反應。

如果是職場上的對象，只要討好對方，自然就會備受照顧。

但如果是朋友或戀人這種想要平等來往的類型，老是原諒對方就會產生問題。輕視對方、要對方照自己說的做，這種想法是不對的，如果討厭這樣的關係，那就應該鎮重告訴對方：「連遵守約定都辦不到的人，我沒辦法再跟你來往。」

如果對方真的重視這段關係的話，應該就會有所改變，如果不是的話，自然就會離去。不管是哪一種，應該都能夠終結這種不認真又不平等的關係吧！

**明確說出「我無法跟不遵守約定的人來往」，終結不平等的關係吧！**

# 一喝酒就人格丕變、令人困擾的人

## 平常規規矩矩的人卻變得肆無忌憚，到底哪個才是本性？

Q先生是個謹慎文靜的人，做事嚴謹也深得同事和上司的信賴。但是，這個Q先生卻在慶功宴的時候性格丕變。差不多三杯啤酒下肚之後，就開始大聲地批判上司：「部長的〇〇可以這麼囂張，都是因為我揮汗工作的關係！」或是侮辱同事：「你們全都是笨蛋！」想說就說、肆無忌憚，最後還哭出來，爛醉如泥。

像Q先生這樣一喝酒就醜態百出的人，到底為什麼會這樣呢？

其中一個原因是「外在動機」，例如婚宴時會喝酒慶祝、喪葬儀式結束後的回食等，因為外在原因而喝酒就是「外在動機」。

另一個原因則是「內在動機」，這是指為了緩和不安、不滿或痛苦的情緒這類壓力而喝酒。被裁員或失戀後喝悶酒，以及為了消除壓力而習慣喝酒，這些都是因為內在動機。

一喝酒就發酒瘋的人都帶有內在動機，**藉由喝醉將平常壓抑的真正想法或痛苦發洩出來，想要得到情緒上的淨化**。但是，一時的發洩並不能解決根本上存在的問題，於是馬上又變得痛苦，然後變本加厲地酗酒。

當然，因為外在動機而開始喝酒，卻變成內在動機而亂發酒瘋的情況也很常見，像是結婚典禮時哭哭啼啼的新娘父親，或是開頭那位爛醉如泥的Q先生都是這一類。

在壓力累積到爆發之前，就脫掉「謹慎文靜」的面具，平常偶爾也發發牢騷的話，喝了酒之後也就不會那麼失態了吧！

**重點是不要讓借酒澆愁變成消除壓力的唯一方式！**

你們能這樣喝酒
是托誰的福啊？
喂！到底知不知道啊！

# 借錢不還、沒有金錢觀的人

## 一直裝傻，是不打算還了嗎!?

對金錢的價值觀似乎真的因人而異。

「我要買罐裝咖啡，借我一點零錢！」像這種時候的「借」，就有人認為不還也沒關係，但也有非得連消費稅在內的金額都要討回來不可的人。

所以說，**要借貸金錢或均攤費用時，還是找有相同金錢觀的人比較好**。因為對於「這點小錢不還也沒什麼」的金額是5元、500元還是5000元，大家的定義都不同吧！

其中也有認為「朋友之間的借貸不還也沒關係」的人，例如，他們認為彼此的交情是就算不還錢也能得到通融的朋友。

金錢觀鬆散的人，到處借錢的情況也不少，有的會說著「貧富無常」，然後到處向親戚、男女朋友或消費者信貸借錢；有的還會利用異性關係說著「我是為了我們將來的幸福著想」、「我想要在跟你結婚之前把債務還清」等花言巧語，讓對方拿出錢來，這樣的行為可說是在犯罪邊緣了。

這種人的金錢觀已經不知從哪裡敗壞了，若沒吃點苦頭，他們是不會學乖的。所以除非是很重視的人，否則就是乾脆地斷絕往來，或是跟對方明說「我會繼續跟你往來，但絕不會借錢給你」，從這兩者之間選擇。

**對金錢的價值觀因人而異。**
**與自己金錢觀相異的人，**
**不要有金錢借貸比較好！**

# 可以面不改色插隊的人

## 要他們注意理所當然的事，竟然還被嗆!?

我看過一種人，在大家排隊投販賣機或等結帳的時候，非但不跟著排隊等待，卻面不改色地插隊，這並不是件令人愉快的事。然而，如果有勇敢的人出聲說「大家在排隊喔」，這種人也不會感到羞恥，而是一臉無所謂的樣子。其中有些還會反嗆「少囉唆」之類的話，想要規勸他們也徒勞無功。

這就跟嬰幼兒一樣，如果不順他們的意就會耍賴，然後自己想怎樣就怎樣。嬰幼兒的話，被父母斥責後還會學到「不可以什麼都以自己為優先」，但卻常見到有不少大人沒有學會，於是不管到了幾歲，他們都只會把自己的慾望跟利益擺在最優先的位置。

這種人認為自己的不愉快都是別人造成的，**塞車的時候就怪說「為什麼會這麼塞啊」，出現排隊人潮的時候就怒罵「為什麼大家都跑來這裡」，完全沒想到自己也是**

**這車陣跟人潮中的一員。**

資訊氾濫，人們處理不完，現代社會這種超載的環境正是培養出這種人的溫床。為了防止這種超載環境所帶來的壓力，於是用「事不關己」的態度來對周遭的情況視而不見的人就變多了。

因此，不僅判斷「自己的行為是不是造成別人困擾」的這種能力會越來越遲鈍，為了將自己與社會塑造成不相關的兩者，也會變得越來越看不見周遭的情況。

如果身邊有這種面不改色違反常識的人，在對方變臉之前回他說：「在同樣的環境裡，你自己是不是也該和大家一樣！」這點是很重要的。

**現代社會充滿了壓力，試著回頭檢視一下，**
**看自己是不是也在忍耐壓力的時候，**
**不知不覺成了以自我為中心思考的人。**

# 夠了，別讓這些人牽著鼻子走

作　者　澀谷昌三
譯　者　鄭婷芳
內容插畫　小池麻衣子

發行人　林敬彬
主　編　楊安瑜
責任編輯　黃谷光、林奕慈
內頁編排　詹雅卉（帛格有限公司）
封面設計　彭子馨
編輯協力　陳于雯、丁顯維

出　版　大都會文化事業有限公司
發　行　大都會文化事業有限公司
11051 台北市信義區基隆路一段 432 號 4 樓之 9
讀者服務專線：(02)27235216
讀者服務傳真：(02)27235220
電子郵件信箱：metro@ms21.hinet.net
網　　址：www.metrobook.com.tw

郵政劃撥　14050529 大都會文化事業有限公司
出版日期　2018 年 06 月初版一刷
定　價　280 元
ISBN　978-986-96238-6-5
書　號　Success-089



◎本書於 2015 年 07 月以《麻煩人物的應對方法》出版。



國家圖書館出版品預行編目（CIP）資料

夠了,別讓這些人牽著鼻子走 /
澀谷昌三著 ; 鄭婷芳譯. -- 初版. -- 臺北市 :
大都會文化, 2018.06
128面 ; 14.8×21公分. -- (success ; 089)
ISBN 978-986-96238-6-5(平裝)
1.人際關係 2.社會心理學

177.3　　107007712